APERÇU

DES

TRAVAUX SUR LE DROIT COUTUMIER

EN RUSSIE

PAR

V. BOGIŠIĆ

—⁂—

PARIS

L. LAROSE, LIBRAIRE-ÉDITEUR

22, RUE SOUFFLOT, 22

—

1879

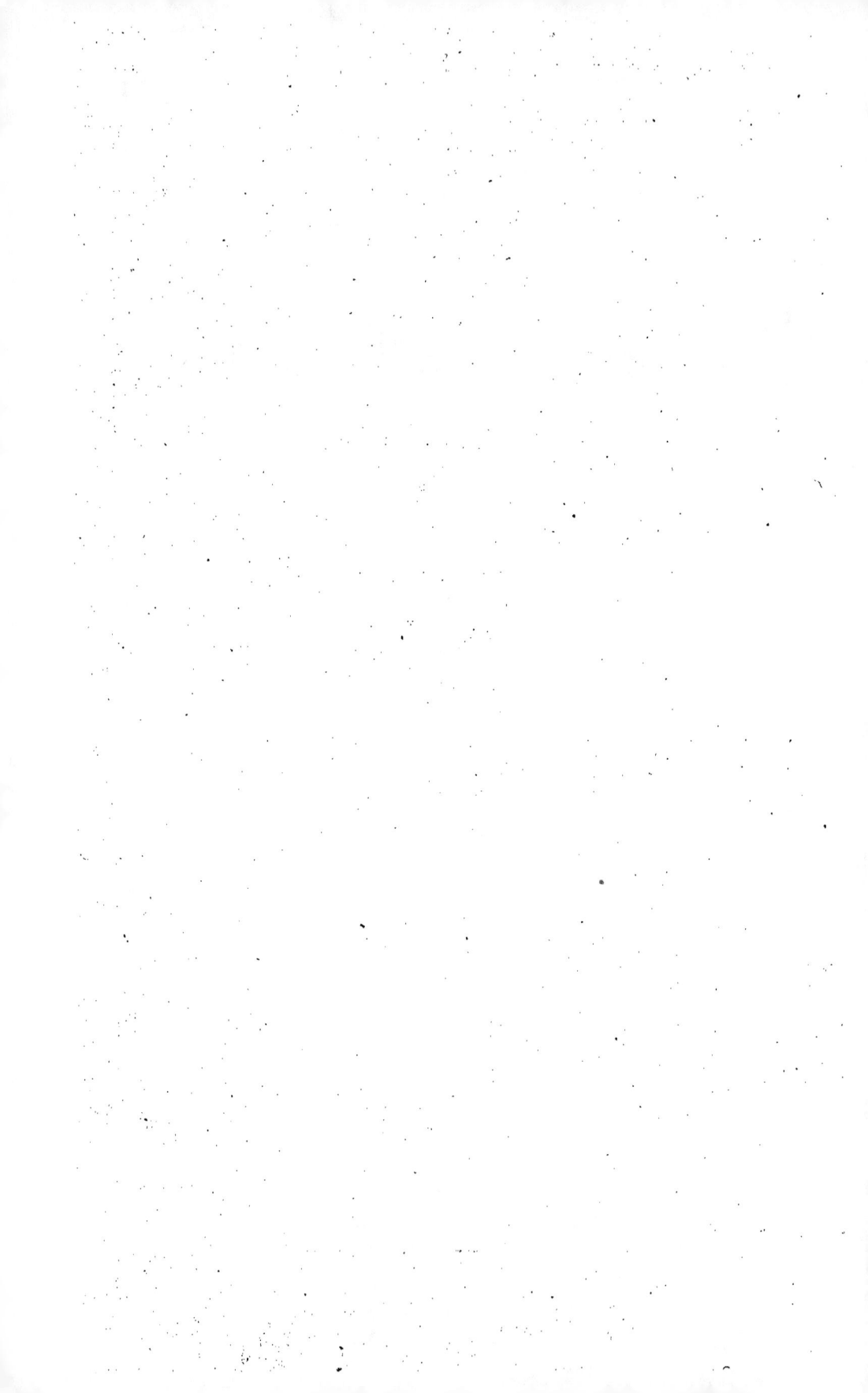

APERÇU

DES

TRAVAUX SUR LE DROIT COUTUMIER

EN RUSSIE

(Extrait de la *Nouvelle Revue historique de Droit français et étranger.*)

7690-79. — Corbeil. Typ. de Crété.

APERÇU

DES

TRAVAUX SUR LE DROIT COUTUMIER

EN RUSSIE

PAR

V. BOGIŠIĆ

Professeur de droit à l'Université d'Odessa, membre de plusieurs sociétés savantes.

PARIS

L. LAROSE, LIBRAIRE-ÉDITEUR

22, RUE SOUFFLOT, 22

1879

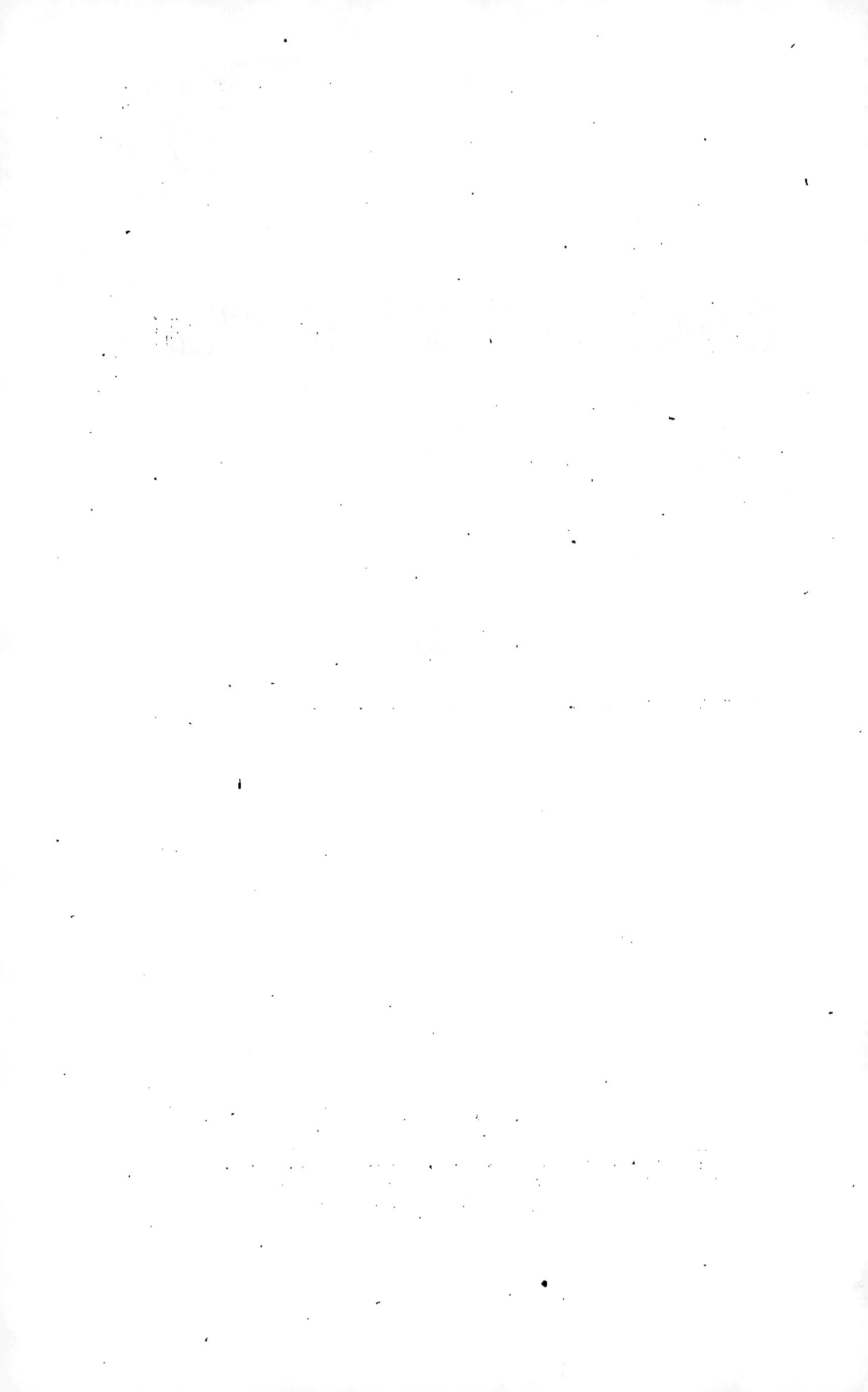

APERÇU

DES

TRAVAUX SUR LE DROIT COUTUMIER

EN RUSSIE

SOMMAIRE.

Grâce aux travaux récents de MM. Lehr, de Kapnist et d'autres écrivains, l'activité législative de la Russie contemporaine n'est plus tout à fait ignorée dans l'Europe occidentale ; cependant l'élément qui complète toute législation, le droit contumier, n'est point connu encore. Pourtant une grande quantité de matériaux ont déjà été rassemblés sur cette matière, et ils sont si considérables même, qu'ils ont provoqué la publication spéciale de bibliographies.

Pour donner un exemple frappant de la difficulté de divulgation des travaux sur les coutumes russes, nous citerons le cas de la Société russe de géographie dont l'activité scientifique est connue et appréciée à l'étranger. Cette Société s'occupe, depuis quelque temps, avec un zèle qui augmente chaque jour, d'études sur le droit coutumier. Eh bien ! tous ses autres travaux jouissent d'une grande notoriété, tandis que ceux relatifs au droit coutumier continuent à rester ignorés du public français (1) et même du public étranger en général. Peut-être cet oubli tient-il en grande partie à ce que les légistes ne se préoccupent guère de ces recherches. Pourtant, il est d'autres savants, les ethnographes, les historiens, etc., qui devraient s'y intéresser.

Un jour comme nous nous entretenions avec des amis et collègues, de l'importance des recherches faites en Russie dans ces derniers temps sur les coutumes, ils nous ont fait promettre, que nous en donnerions un exposé à la première occasion. Tout en désirant nous acquitter de cette promesse, nous nous trouvons dans l'impossibilité presque absolue de remplir convenablement cette tâche importante, tant à cause des travaux absorbants dont nous sommes actuellement chargés, que par le manque, à Paris, des sources nécessaires à un tel travail.

Nous nous bornerons donc à un simple article, à un léger aperçu de ce mouvement, remettant l'exécution du travail sur une échelle plus étendue, à une autre époque, à moins qu'un heureux collègue, ayant plus de loisir, ne nous prévienne dans cette entreprise (2).

Il n'existe peut être pas de pays au monde, à l'exception de l'Angleterre et de ses possessions, où l'on puisse trouver des éléments plus riches qu'en Russie, pour l'étude

---

(1) Ce travail était terminé, lorsque nous avons lu avec intérêt l'article important sur l'organisation judiciaire en Russie, que M. A. Leroy-Beaulieu a publié dans la *Revue des Deux Mondes* du 15 octobre 1878, et où le savant auteur, cite, en passant, les études faites en Russie sur le droit coutumier.

(2) Nous avions même pensé que l'intéressant article publié par M.P.-A. Matvêiev d'abord en russe, puis dans le Journal de Saint-Pétersbourg, (n° 163 a. 1878) en français, nous dispenserait d'exécuter notre promesse. Mais on a craint qu'une feuille paraissant si loin n'arrivât pas jusqu'au public français et qu'un article aussi utile ne restât inconnu.

du droit coutumier. L'étendue de l'empire, l'hétérogénéité, des races qui y entourent la grande masse du peuple russe,, l'isolement qui préserve certains groupes du contact et des altérations ; la diversité des conditions physiques, climatériques, agronomiques et géologiques ; enfin la variété des mœurs et des conditions économiques de tous ces groupes divers : tout cela fait de la Russie un champ d'observation inépuisable pour les diverses branches d'activité de l'homme en société. Ce sont ces conditions diverses qui rendent impossible l'uniformité de législation et qui forcent l'administration à étudier les coutumes, qu'elle est obligée de respecter et auxquelles elle doit même conformer sa conduite.

I

Il est bien difficile, on le comprend aisément, de fournir des données sur les enquêtes faites par l'administration à une époque où la plupart de ces documents restaient aux archives. Aussi devons-nous nous borner à citer celles des recherches officielles, dont les résultats ont été publiés ou signalés dans la presse, ou qui sont parvenues à notre connaissance, à la suite de nos investigations personnelles. Commençons par ces dernières.

Nous avons pu constater qu'au Caucase, où souvent les peuplades sont composées à peine de quelques milliers d'âmes, et sans aucune affinité ethnique avec leurs voisins (par exemple les Suanètes, les Ossètes, les Abkchases), l'administration a dû faire des recherches séparées sur certaines parties des coutumes de chacune d'elles. En effet, lors de notre voyage au Caucase en 1872, nous avons trouvé une grande quantité de matériaux de cette espèce dans les archives des différentes contrées de cette vaste région. Les plus nombreux se rencontrent, naturellement, dans les archives des circonscriptions administratives qui ont reçu une organisation à part appelée *populaire-militaire* (*voënno-narodnoë*), nom qui leur vient, de ce que les indigènes ne sont pas soumis aux lois judiciaires communes de l'empire, mais

sont gouvernés par une administration toute spéciale
et d'un caractère militaire, assez semblable à celle des *bu-
reaux arabes* de l'Algérie (1). La direction centrale de ces circonscriptions (*kavkazskoe gorskoe oupravlenie*, Direction des
montagnards du Caucase) encourage efficacement ces recherches. Ainsi cette autorité fait paraître à Tiflis, lieu de sa
résidence, une Revue ou Recueil qui compte déjà une dizaine
de volumes (2), et contient des matériaux précieux sur les
coutumes juridiques : on y relève même des articles signés
par des indigènes dont quelques-uns sont musulmans. Mais,
comme nous allons le voir, l'administration ne s'est pas toujours bornée à la simple recherche des coutumes, elle est
allée quelquefois jusqu'à tenter de codifier celles de certaines
peuplades *allogènes*.

Comment est-elle arrivée à cette idée ? On sait que les
grands travaux de codification, entrepris déjà au commence-
ment du règne de l'empereur Nicolas, sous la direction du
comte Spéranski, n'avaient pas eu la prétention de faire des
lois uniformes pour toutes les parties de l'empire. Mais ces
travaux, par leur nature même, firent naître la tendance de
ne laisser aucune région sans droit écrit, même la plus re-
culée, même la plus disparate par ses mœurs. Cette tendance
a pu être secondée en outre par l'opinion dominante de la
plupart des juristes contemporains, que la coutume non
confirmée par le législateur, empiète sur les droits de celui-
ci. Ce sont probablement ces motifs qui ont fait naître chez

(1) Pour qu'on puisse se faire une idée approximative de l'organisation
judiciaire de ces contrées, nous ferons connaître celle qui a été donnée
tout récemment aux districts de Kars et de Batoum, annexés à la suite de la
dernière guerre.

L'autorité judiciaire sur les indigènes appartient : aux tribunaux villageois, aux tribunaux sans procédure écrite des *pristavstvos*, aux tribunaux
de même nature des arrondissements et au grand conseil national : tous
jugent d'après la coutume. Pour les étrangers et pour les non-indigènes,
sont compétents les tribunaux ordinaires d'arrondissement dépendant du
tribunal d'appel de Tiflis.

En matière de crime de haute trahison, de résistance à la force publique, de vol d'effets appartenant à l'État, d'attaque contre la poste, de bri-
gandage, de rapine, d'incendie, d'assassinat, de destruction des lignes
télégraphiques, les indigènes, eux aussi, sont jugés d'après les lois communes de l'Empire.

(2) *Sbornik svédenii o Kavkazskich gorizach* (Recueil d'informations sur
les montagnards du Caucase). Tiflis depuis 1868.

le comte Spéranski, l'idée de composer un code pour les indigènes de la Sibérie. Pour mettre ce projet à exécution, il a
fallu d'abord, par l'entremise des organes administratifs,
recueillir et étudier les coutumes de toutes les peuplades
qui habitent ce vaste pays si éloigné du centre. Mais, soit
que, dans la rédaction de ce *svod*, on ait prétendu générali-
ser des coutumes rebelles à une telle opération par la variété même de leur nature intrinsèque, soit que l'on n'ait pas
voulu, par une loi formelle, sanctionner des coutumes consi-
dérées comme trop primitives ou trop gênantes, afin de ne
pas restreindre le domaine du droit commun (1), ce code
quoique déjà rédigé, imprimé comme projet et débattu au
Conseil d'Etat, n'a jamais obtenu force de loi (2). Les matériaux primitifs, qui lui ont servi de base, ont été publiés
dernièrement d'après un manuscrit de la bibliothèque de
l'université de Varsovie par M. Samokvasov, professeur à
la faculté de cette ville (3).

Une tentative semblable a été faite, il y a quelques années,
pour les *allogènes* du Caucase et nous avons eu, nous-mêmes,
l'occasion de prendre connaissance des matériaux et des travaux de rédaction déjà commencés. Pourtant, ces efforts n'ont
pas mieux réussi que ceux tentés pour les Sibériens, car les
travaux préliminaires de concordance ont déjà démontré, jusqu'à l'évidence, que les divergences sont si profondes entre
les coutumes des différentes races, qu'elles s'opposent à toute
généralisation. La tendance irrésistible à tout codifier, dominante en Europe, pendant le premier tiers de notre siècle,
et si nuisible, sous plus d'un rapport, dans plusieurs pays, a
produit du moins en Russie ce bon résultat, qu'elle a fait recueillir une masse de matériaux importants, qui autrement
seraient restés inconnus.

(1) Cette crainte résulte bien du rapport du gouverneur général de la
Sibérie Orientale, cité par M. Matvêiev, dans les *Zapiski* de la section
ethnographique vol. VIII, préface.

(2) La préface, citée dans la note précédente, contient un intéressant
aperçu historique du projet de ce Code, depuis le plan conçu par M. le
comte Spéranski en 1822, jusqu'à son impression en 1841, et son rejet dé-
finitif par le Conseil d'État en 1847.

(3) *Sbornik obyčnago prava sibirskich inorodtzev* (Recueil des coutumes
juridiques des allogènes de la Sibérie) Varsovie, 1876. Ce manuscrit pro-
vient de la célèbre collection de M. de Hubé.

Sans doute, ces matériaux, de même que les données officielles, qui servent de base, à la statistique, ne présentent
pas toujours le degré d'exactitude voulu, néanmoins on ne
manquera pas de leur reconnaître une véritable importance,
lorsque dans la suite, on les emploiera comme base de nou-
velles investigations scientifiques. Nous pouvons l'affirmer
par expérience, car ce sont précisément des matériaux pui-
sés dans les documents officiels, qui, en grande partie, nous
ont servi de base pour la rédaction de nos questionnaires,
destinés à faciliter les recherches sur le droit coutumier des
peuples du Caucase (1). Nous verrons plus loin que des matériaux semblables, réunis par l'administration, ont servi
ailleurs aussi de base à des investigations faites sans caractère officiel.

D'après ce qui a été exposé plus haut, on voit que les autorités administratives se sont occupées, presque exclusivement, des coutumes des populations qui ethnographiquement
ne sont pas russes, quoique appartenant à l'empire. Cela n'a
rien d'étonnant. D'abord, les mœurs et les coutumes de ces
allogènes, habitants des régions lointaines, étaient précisément les moins connues ; en outre ceux de la véritable population agricole russe intéressaient, avant l'affranchissement,
bien plus la noblesse, les propriétaires des terres, que l'autorité administrative centrale. C'est seulement plus tard que
les circonstances ont imposé au gouvernement la nécessité
de s'occuper aussi des coutumes du véritable élément russe.

On sait que, par suite de l'affranchissement des serfs en
1861, l'ancienne juridiction des seigneurs sur les paysans
s'est trouvée supprimée. Les recherches dont nous parlerons
tout à l'heure datent de là. Il est juste néanmoins d'ajouter, que
déjà avant 1861, des réformes partielles, des réformes d'essai
pour ainsi dire, avaient eu lieu, et avaient été précédées de
quelques recherches officielles, au moins parmi les paysans
vivant sur les domaines de l'État. Ainsi, en 1847, on a fait

---

(1) La récolte faite sur la base de ces questionnaires inédits, a été abon-
dante au delà de tout espoir, mais, à notre grand regret, elle devra, par
suite des circonstances, attendre probablement longtemps avant d'être
publiée.

dans quarante-quatre provinces de la Russie d'Europe, une enquête sur le droit de succession des paysans d'après la coutume, les règles du Code civil général ne leur étant pas applicables. Les résultats de ces recherches n'ont pas été publiés *in extenso*, mais ils ont fourni matière à un intéressant article de M. Barykov, inséré dans le journal des domaines (1).

Après l'abolition du servage par l'acte du 19 février, on a dû évidemment substituer quelque chose à la juridiction des seigneurs. Mais, comme il aurait été excessivement dispendieux et même impossible d'improviser un nombre si considérable de tribunaux ordinaires, on a été forcé de recourir à l'institution des tribunaux de village (*volostnyé soudy*). Dans les affaires civiles, ces tribunaux ont été déclarés compétents jusqu'à la somme de 100 roubles et même au delà, quand les parties y consentent; en matière de répression on leur a attribué la connaissance des contraventions et délits de peu d'importance. Les juges, appartenant à la classe rurale, sont choisis par les paysans eux-mêmes, et ils appliquent, tout naturellement, les règles de la coutume.

En 1872, on souleva la question de réformes à introduire dans ces tribunaux et une commission présidée par M. le sénateur Liouboščinski fut instituée, par ordre de l'Empereur, pour rechercher dans quel état ils se trouvaient. Cette commission a inspecté les tribunaux des quinze provinces (*goubernii*) et a publié ses travaux en 6 volumes (2). Cette publication officielle contient : les extraits des protocoles des différents tribunaux villageois, et ceux des actes des autres autorités provinciales qui se rapportent à ces tribunaux. En tête de chaque volume sont placées les réponses orales, données par les paysans eux-mêmes aux questions qui leur avaient été posées par les membres de la commission. Un septième volume renferme les avis, envoyés par les dif-

(1) *Obyčaï nasliedovania ou gosoudarstvennych Krestian*, *po svédeniam sobrannym ministerstvom gosoudarstvennych imouščestv* (Coutumes relatives à la succession chez les paysans, vivant sur les domaines de l'État, d'après les renseignements recueillis par le ministère des domaines). — Journal du ministère des domaines, n°ˢ 9-12, année 1862.

(2) *Troudy Kommissü po préobrazovanïou volostnych soudov* (Travaux de la commission instituée pour la réforme des tribunaux villageois). Saint-Pétersbourg, 1873-1874.

férentes autorités administratives et par des particuliers sur les tribunaux villageois, considérés comme institution judiciaire (1).

II

Jetons maintenant un coup d'œil sur les recherches et sur les travaux faits en dehors de tout intérêt administratif et pratique.

Nous suivrons principalement dans cet exposé l'ordre chronologique, qui est en même temps celui de la marche progressive vers la spécialisation. Deux mots tout d'abord de la littérature des voyages.

Malgré son abondance, cette littérature est pauvre en matériaux intéressants pour nous. Assez peu de voyageurs s'occupent de ces questions, et les rares récits qui touchent à notre matière ne sauraient être pris au sérieux, car ils sont le plus souvent jetés comme par hasard au milieu d'anecdotes de voyages de toute espèce. S'il s'agissait de phénomènes intéressant les naturalistes, de tels récits pourraient présenter encore une importance scientifique, mais on ne peut leur reconnaître une grande valeur quand il s'agit de phénomènes aussi complexes, aussi diversifiés à l'infini et aussi difficiles à embrasser à première vue que le sont les règles du droit coutumier. Nous ferons exception pour quelques voyageurs, surtout indigènes ou pouvant être considérés comme tels par suite d'un séjour plus ou moins long dans le pays. A cet égard il convient de citer ici : pour le dix-huitième siècle le célèbre Pallas (2), Lépéchine (3) et Georgi (4) ;

---

(1) *Otzyvy različnych miest i litz* (Avis des différents fonctionnaires et particuliers). Saint-Pétersbourg, 1874.

(2) *Poutešestvie po raznym provintziam rossyiskoï imperii* (Voyage dans les différentes provinces de l'empire de Russie). Saint-Pétersbourg, 1777, 4 volumes.

(3) *Dnevnyia zapiski poutešestvia I. Lépéchina* (Journal de voyage de J. Lépéchine) 2ᵉ édition, Saint-Pétersbourg, 1795-1805, 4 volumes.

(4) *Opisanie vsiech obytaïouščich v rossyiskom gosoudarstvé narodov*

pour la première moitié du nôtre, les notices du finnologue
distingué A. Castren (1). Tous ces auteurs se sont occupés
de préférence des *inorodtzi*. Nous avons déjà remarqué que
l'administration publique s'est, elle aussi, attachée avant tout,
aux *allogènes* et nous en avons signalé le motif ; c'est un motif analogue qui explique la préférence des particuliers pour
ces peuplades. De tous les travaux des voyageurs absolu-
ment étrangers au pays, ceux du baron de Haxthausen (dont
les ouvrages ont le plus contribué à répandre en Occident la
connaissance de l'organisation du *mir* de la véritable population russe agricole) valent à eux seuls, pour le droit coutumier, plus que la masse des écrits de ses prédécesseurs,
voyageant en Russie depuis Oléarius et Herberstein (2).

L'ethnographie, — cette importante branche de la science,
qui, malgré sa jeunesse, a déjà produit des travaux si remar-
quables et qui, malgré ces travaux, nous offre des parties
encore bien rudimentaires, — a été cultivée, en Russie,
avec non moins d'empressement que dans le reste de
l'Europe. Nous ne nous occuperons pas ici du développement de ces études en Russie, c'est chose connue, surtout
à Paris, où l'on se souvient encore de l'exposition géogra-
phique de 1875 et de la place distinguée que la section ethnographique russe y occupait. Nous dirons seulement que les
travaux de Snieguirev, Sacharov, Rybnikov, Kireyevski,
Afanasiev, Dal, Bezsonov, etc. ; que les nombreux matériaux rassemblés dans la première serie de l'*Ethnografičeski
Sbornik* de la Société de Géographie et dans d'autres recueils,

(Description de tous les peuples habitant l'empire de Russie). Saint-Pétersbourg, 1799.
  Auparavant il avait publié : *Bemerkungen einer Reise ins russische Reich
im Jahre 1772-1774*. Saint-Pétersbourg, 1775.
  (1) *Nordische Reisen und Forschungen. Im Auftrage der Kaiserlichen
Academie der Wissenschaften herausg. von A. Schiefner*. Saint-Pétersbourg, 1853. L'édition russe de cet ouvrage a paru dans le *Magasin de
géographie et de voyages*, de Frolov. Moscou, 1860.
  (2) *Etudes sur la situation intérieure, la vie nationale et les institutions
rurales de la Russie*. Hanovre, 1847, 2 vol. L'édition allemande de cet ouvrage parut en 1847-1852 ; l'édition russe, d'abord dans le journal *Sovre-
mennik* en 1857 et séparément à Moscou en 1870. Haxthausen a publié
encore la description de son voyage dans la Transcaucasie russe, dont l'édition russe parut à Saint-Pétersbourg en 1856.

tout en fournissant des richesses inappréciables pour la connaissance de la langue, de la mythologie, de la littérature traditionnelle du peuple (chants populaires, contes, devinettes), de sa philosophie déposée dans des milliers de proverbes, nous donnent aussi de nombreux matériaux pour l'étude du droit coutumier.

Parmi les coutumes présentant un caractère juridique, dont on trouve la description dans les publications de cette catégorie, les usages et les cérémonies du mariage occupent la première place. Rien de plus naturel. Ce sont précisément ces usages et ces cérémonies qui sont accompagnés non seulement de toute sorte de chansons qui intéressent les linguistes et les littérateurs, mais aussi d'éléments ayant trait à la mythologie — cette *great attraction* de tout ethnographe.

Néanmoins et dès avant l'affranchissement des paysans, on rencontre d'importantes monographies sur les coutumes qui ont un caractère plus exclusivement juridique. — Nous citerons : Makarov, *Les anciens et les nouveaux jurons et serments russes* (1) ; Tarnovski, *Les coutumes juridiques de la Petite Russie* (2); Snieguirev, *Sur les proverbes russes ayant rapport à la législation et aux anciennes coutumes judiciaires* (3) et *Proverbes juridiques russes* (4); Vladimirski, *Le prêt entre les paysans* (5) ; Kaveline, *Lettres de la campagne* (6).

Mais, comme nous l'avons déjà dit plus haut, c'est l'émancipation des paysans en 1861, suivie de la grande réforme judiciaire de 1864, qui a donné une puissante impulsion aux recherches de cette nature. C'est à partir de ces deux dates qu'on voit la coutume juridique se séparer, peu à peu, des

---

(1) *Drevnya i novya bojby, kliatvy i prisiagui rousskia* dans les *Travaux de la Société pour l'histoire et les antiquités de la Russie.* Moscou, 1828.

(2) *Iouridičeski byt Malorossii* dans les *Iouridičeskia zapiski* de M. Rêdkine. Moscou, 1842.

(3) *O rousskich poslovitzach otnosiaščichsia k zakonodateilstvou i starinnym soudebnym obyčaiam.* Dans l'almanach *Radouga.* Moscou, 1830.

(4) *Rousskia iouridičeskia poslovitzy,* dans le journal *le Moscovite,* 1849, nos 7 et 8.

(5) *O ssoudach mejdou krestianami* dans le journal : *Saint-Pétersbourgskia Védomosti,* 1845, nos 223, 224.

(6) *Pisma iz derevnyi;* dans les *Moskovskia Védomosti,* 1860, nos 192 et 194. Nous regrettons de n'avoir pu nous procurer les autres ouvrages de M. Kaveline sur le droit coutumier.

autres matériaux ethnographiques et se constituer en spé-
cialité plus ou moins indépendante. En outre, c'est de ce
moment que se spécialisent, de plus en plus, les différentes
espèces de travaux dont ces recherches se composent, spécialisation qui constitue, à notre avis, la cause principale de
leur développement. C'est en persistant dans cette voie,
mais à la condition de procéder partout d'après les mêmes
principes et de viser au même but, qu'on obtiendra des résultats d'une portée incalculable pour la science.

La plus importante innovation, celle qui ouvre cette nouvelle période, est, suivant nous, la composition des questionnaires destinés à servir de base aux recherches et aux
descriptions des formes et des dogmes juridiques qui se
trouvent dans la vie et dans l'esprit du peuple.

Il résulte d'une indication bibliographique (1) qu'un
essai de questionnaire sur quelques points du droit civil
parut dès 1862, dans le journal *Viek* (nᵒˢ 15 et 16). M. Moul-
lov en est l'auteur. En 1863, M. Stoïanov faisait insérer
dans une gazette de Kiev un petit questionnaire ayant trait à
la famille et à quelques autres institutions du droit civil (2).
Un an plus tard, ce questionnaire a été amplifié et inséré
dans la gazette officielle de la province d'Archangel (3).
Mais, comme ces essais étaient partiels et avaient paru
pour la plupart en province, leur influence ne fut pas bien
considérable.

C'est en 1864 que la Société russe de géographie fit publier
un questionnaire qui touchait à presque toutes celles des
parties du droit, dont les règles se trouvent habituellement
dans la coutume du peuple russe (4). Ce questionnaire est
dû à la plume de M. Kalačev, personnage occupant une haute

---

(1) Iakouškine, *Obyčnoe pravo*, p. 2.
  Du reste, dans le questionnaire ethnographique, publié par la Société de
géographie en 1847, on rencontre aussi quelques questions concernant le
droit coutumier, mais leur nombre est tellement restreint qu'on n'en parle
ici que pour mémoire.
  (2) *Kievskia goub. védomosti*, année 1863, nᵒ 32.
  (3) Nᵒ 25, année 1864.
  (4) Dans le sixième volume de l'*Ethnographičeski Sbornik* de cette
Société.

position officielle, et déjà connu par ses recherches sur le droit national. Son travail a été inséré dans un nombre considérable de journaux de province. Vint ensuite le questionnaire de M. Iefimenko (1), l'un des connaisseurs les plus perspicaces et les plus zélés de la coutume populaire russe. M. Iefimenko ayant profité des matériaux recueillis dans l'intervalle par lui-même et par d'autres, aussi bien que des questionnaires antérieurs, a pu rendre son propre questionnaire plus complet que le précédent. M. Maïnov, qui a aussi publié (2) un questionnaire en 1875, n'a pas négligé non plus d'utiliser les travaux de ses devanciers(3). Enfin dans le courant de l'année 1878 ont paru deux projets de questionnaires de MM. Matvêiev et Foïnitzki, dont nous reparlerons plus loin (4).

Il faut toutefois relever qu'on avait fait de semblables questionnaires en Russie longtemps avant la publication de ceux dont on vient de parler. Ainsi, par exemple, l'enquête du ministère des domaines en 1847 a été faite, du moins en partie, sur la base de questionnaires. Mais tous ces questionnaires étaient bien courts et ne visaient qu'aux besoins pratiques du moment; ils étaient semblables à ceux qui ont été dressés bien souvent dans les enquêtes administratives des autres pays de l'Europe. Il y a donc entre ces question-

(1) Comme appendice à son *Sbornik narodnych iouridičeskich obyčaev Archanguelskoï goubernii* (Recueil des coutumes juridiques de la province d'Archangel). Archangel, 1869.

(2) Journal *Znanie*, paraissant à Saint-Pétersbourg, année 1875, n° 4.

(3) La première édition de notre questionnaire destiné aux recherches des coutumes juridiques chez les Slaves méridionaux, remonte à 1866. D'abord publié à Agram il a été traduit en plusieurs langues et utilisé en divers pays. Il n'a pas passé inaperçu de MM. Iefimenko et Maïnov. Pour le reste, voir : *Zapiski*, de la section ethnographique de la Société russe, série II, vol. VIII, appendice, p. 3, 6, 88 ; et Demelić, *Le droit coutumier des Slaves méridionaux d'après les recherches de M. Bogišić*. Paris, 1877.

(4) Dans la section ethnographique de l'Exposition universelle de 1878, nous avons constaté avec un véritable plaisir que, dans les questionnaires ethnographiques anglais, on commence déjà à accorder aux coutumes juridiques une place qui correspond à leur importance scientifique.

Dans un petit livre édité en 1874 par la *Société anglaise pour le progrès de la science*, et contenant une instruction pour les voyageurs dans les pays situés hors de la sphère de notre civilisation, désireux de recueillir des matériaux qui intéressent l'anthropologie, on rencontre bon nombre de questions touchant à presque toutes les branches du droit.

naires et ceux dont nous avons parlé plus haut des différences essentielles, sur lesquelles il nous semble superflu d'insister davantage.

La quantité de matériaux rassemblés depuis l'émancipation des paysans et la grande réforme judiciaire est vraiment considérable. La plupart d'entre eux ont été insérés dans les journaux des deux capitales et des provinces respectives ; puis, dans la 2ᵉ série du *Recueil ethnographique* de la Société de Géographie et dans les publications périodiques de ses succursales ; dans les *comptes-rendus de la Société des amis des sciences naturelles, d'anthropologie et d'ethnographie* de Moscou ; dans les deux *Recueils d'informations*, l'un *sur le Caucase*, l'autre *sur les montagnards du Caucase* paraissant à Tiflis; dans les publications des comités de statistique; dans celles des sociétés agricoles de différentes provinces, etc.; — bien peu ont été publiés à part.

Parmi les meilleurs travaux de description de cette période, descriptions basées plus ou moins sur des observations et des sources directes, il faut citer : le livre de M. Iefimenko sur le droit coutumier du gouvernement d'Archangel, indiqué plus haut, et celui publié sur l'initiative de M. Čoubinski par la Société de Géographie, sur les coutumes juridiques des provinces occidentales de la Russie ; nous en reparlerons plus bas.

Le livre de M. Iefimenko est, pour nous, d'autant plus important qu'outre ces riches matériaux et le questionnaire dont nous avons parlé, il contient le texte original russe d'une ancienne loi, en 29 articles, relative à l'industrie des habitants des côtes éloignées de la Mer Blanche et de l'Océan glacial (1).

Cette loi, comme la plupart de celles qui prirent naissance, au moyen âge, sur les côtes d'autres pays de l'Europe (comme le fameux *Consulat de la mer*; les *rooles ou jugements d'Oléron*; le *guidon de la mer*; la *loi de Westcapelle*,

____

(1) Il est vrai que cette loi a été publiée en 1846 dans le journal provincial d'Archangel, mais jusqu'à sa nouvelle publication par M. Iefimenko, elle était restée presque inconnue même en Russie.

le hoghesté Vater Recht tho Visby, etc,) ne porte pas plus le nom du législateur ou de son compilateur, que les vrais chants populaires ne portent le nom de leurs auteurs, mais elle surgit des besoins de la vie journalière des habitants de ces côtes, et fut rédigée, probablement, par les soins des intéressés. Cette loi est d'autant plus curieuse, qu'avant sa découverte, on ne connaissait aucune loi ou compilation juridique vraiment russe des siècles passés, sur les rapports industriels des habitants des bords de la mer (1).

Le volume des coutumes édité par la Société de Géographie forme le VI° des travaux de l'expédition ethnographique entreprise dans les provinces occidentales de l'empire. Il contient principalement les décisions des tribunaux villageois de ces provinces. La rédaction en a été faite par M. Čoubinski pour le droit civil et par M. Kistiakovski pour le droit pénal. Les décisions sont précédées d'un exposé systématique des coutumes, fait d'après ces décisions elles-mêmes, ainsi que d'un mémoire sur l'histoire et l'état actuel des tribunaux villageois dans les provinces qui ont été visitées.

Parmi ceux qui se sont occupés des coutumes des races non russes on doit citer : M. le prince Kostrov, pour ses recherches sur les coutumes de plusieurs peuplades d'*ino-rodtzi* (2) ; M. Pfaff, pour celles qu'il a entreprises sur le droit coutumier des Ossètes du Caucase (3).

A côté des travaux ayant pour but la constatation des coutumes dans la vie populaire et leur description directe, nous devons mentionner les exposés systématiques faits sur

---

(1) Pardessus, dans sa *Collection des lois maritimes antérieures au dix-huitième siècle,* dans le chapitre *Russie,* cite : les lois maritimes de Riga ; deux *skra* des comptoirs étrangers de Novgorod, deux articles de la loi de Vachtangue (géorgienne) et même un article arménien, — mais aucune de ces lois ne peut être rapportée à la véritable population russe.

(2) Dans le *Bulletin de la section sibérienne de géographie* et dans différents journaux de province. Il s'est occupé du reste aussi de la véritable population russe de la Sibérie. Voyez sa brochure : *Les coutumes juridiques des paysans anciennement établis* (starojili) *dans la province de Tomsk.* Tomsk, 1876.

(3) Dans le *Sbornik svédenii o Kavkazé* (Recueil d'informations sur le Caucase). Tiflis, 1871, n°s 1 et 2. Il a publié en 1870 à Hanovre un mémoire allemand sur le même sujet.

la base des matériaux déjà recueillis. Parmi les ouvrages
de ce genre, on relève surtout : *La justice populaire et le
droit national* de M. Orchanski (1) ; *Les idées juridiques du
peuple russe sur le mariage* de M. Iefimenko (2) et quelques
autres. A cette catégorie de travaux appartient aussi un important ouvrage sur le droit coutumier de M. Pachmann de
Saint-Pétersbourg. Le savant professeur, prenant principalement pour base les matériaux recueillis par la commission
sénatoriale, présidée par M. Liouboščinski, s'est proposé de
nous offrir, dans l'ordre systématique usité de nos jours,
un tableau complet du droit civil, tel qu'il se trouve dans les
coutumes du peuple russe. Le premier volume, déjà paru,
contient : *le droit réel, les obligations et les actions* (3). Le volume suivant sera consacré au droit de famille et aux suc-
cessions.

Nous allons maintenant signaler une autre branche d'activité fort importante, qui a pour but de détacher les études
du droit coutumier en Russie des autres recherches avec
lesquelles elles étaient jusqu'ici confondues.

Au mois de février 1876, sur la proposition de M. Kalačev
on a institué dans la section ethnographique de la Société
de Géographie une commission chargée de s'occuper exclusivement des recherches ayant trait au droit coutumier. Aus-
sitôt instituée, cette commission s'est mise à l'œuvre, et nous
pouvons enregistrer déjà sa première publication, un beau
volume contenant exclusivement des matériaux de droit
coutumier. C'est le huitième volume de la seconde série de
la section ethnographique (4). Il a été rédigé par le secrétaire
de la commission, M. Matvêiev qui, dans cette occasion, a
vraiment mérité les éloges que les journaux du pays lui ont
prodigués. En voici le sommaire :

En dehors de la préface de M. Matvêiev, le livre se divise

(1) *Journal grajdanskago prava* (Journal de droit civil), année 1875.
(2) Journal *Znanie*, livraison de janvier 1874.
(3) *Obyčnoe grajdanskoe pravo v Rossii. Iouridičeskie očerki. Tom I* :
Sobstvenost, obiazateilstva i sredstva soudebnago ochranenia. Saint-Pétersbourg, 1877.
(4) Nous apprenons que le deuxième volume va être bientôt livré à l'impression.

en trois sections. La première, consacrée aux coutumes juridiques de la véritable population russe, comprend : un mémoire de M. Kalačev *sur les rapports entre la coutume et la législation;* une esquisse *sur la vie juridique dans le gouvernement de Samara,* par M. Matvêiev *; Le contrat de location des bergers,* de M. Iefimenko *; La question de la censure des mœurs dans le peuple,* par M. A. Kistiakovski. La seconde section, réservée exclusivement aux *allogènes,* nous offre : *Les coutumes juridiques des Lappons, Caréliens et Samoyèdes du gouvernement d'Archangel,* de Mme Iefimenko ; des notices *sur l'administration de la justice chez les Kirguizes* de M. I. Ibrahimov ; *Les usages juridiques des Yakoutes,* de M. le prince A. Kostrov.

La troisième section renferme les articles suivants : *Les coutumes populaires concernant le droit pénal* de M. I. Foïnitzki; *Une communauté de famille dans le district de Koursk* de M. Samokvasov; *La manière de se faire justice soi-même (samosoud)* pratiquée par les paysans du district de Čistopole, dans le gouvernement de Kasan, de M. Soloviev; *La terre juge,* une coutume observée dans le district de Kargopole, (gouvernement d'Olonetz) pour les contestations sur les limites des fonds, de M. Sokolov.

L'appendice est, peut-être, la partie la plus importante du volume, à cause de l'influence que par sa nature il est appelé à exercer sur les recherches futures. Il renferme deux projets de nouveaux questionnaires, l'un sur le droit civil, rédigé par M. Matvêiev, l'autre sur le droit pénal par M. Foïnitzki. Ces deux projets sont précédés d'une préface de M. Matvêiev, donnant un aperçu historique des recherches sur le droit coutumier en Russie et chez les Slaves hors de Russie. Cette préface a été publiée aussi en français dans le Journal de Saint-Pétersbourg (n° 163 année 1878) ; nous en avons parlé plus haut.

Ces projets ayant été élaborés avec l'aide de tous les questionnaires antérieurs, et des matériaux recueillis jusqu'à ce jour, il est naturel qu'ils soient plus complets que tous les précédents. Du reste, ce sont de simples projets et non des questionnaires définitifs; la rédaction de ceux-ci sera arrêtée en séance de comité par la commission, qui s'éclairera des observations critiques que les projets auront pu suggérer aux spécialistes. Une pareille méthode ne pourra que contribuer à leur perfectionnement ultérieur.

A un autre point de vue on doit considérer comme un véritable progrès l'application à la rédaction de ces projets du principe de spécialisation, et il est à supposer, que, quant au questionnaire, les autres parties du droit trouveront aussi leurs rédacteurs spéciaux.

A la fin de l'appendice sont placés les procès-verbaux des séances de la commission. Ils nous font connaître sur plusieurs points son activité, ses principes, ses buts divers.

Des recherches si développées sur le droit coutumier, ont nécessairement rendu indispensables des travaux bibliographiques. Et, en effet, l'essai que M. E. Iakouškine a publié à Iaroslav en 1875 (1) est venu combler cette lacune. Sa bibliographie compte 1542 numéros, dont, naturellement, la plus grande partie ne représente que des articles publiés dans les journaux. On peut vraiment s'étonner, qu'un écrivain habitant la province, ait pu avoir à sa disposition une telle quantité de sources. Pourtant il nous semble que bon nombre d'articles éparpillés dans la masse des journaux de province, ont échappé au bibliographe, car M. Matvêiev en cite à peu près une dizaine, pour la seule *goubernie* de Samara, qu'on ne trouve pas dans la bibliographie de M. Iakouškine. Ces lacunes, qui du reste pourront être comblées dans le volume suivant (2), n'amoindrissent pas les mérites de cet utile travail.

Par ce court exposé on voit quelle a été la marche toujours croissante de ces travaux, grâce surtout à la spécialisation.

Il est superflu d'ajouter que, si cette activité se prolonge dans la même direction, et si elle ne cède pas aux influences de ceux qui voudraient lui donner une portée trop res-

(1) *Obyčnoe pravo. Vypousk I. Materialy dlia bibliografii obyčnago prava* (Le droit coutumier. Vol. I. Matériaux pour la bibliographie du droit coutumier).

(2) D'après nos derniers renseignements, le deuxième volume se trouve déjà sous presse.

treinte et trop exclusive (1), elle peut avoir des résultats inappréciables pour la science, qui heureusement ne connaît ni frontières politiques, ni limites ethnographiques, mais qui travaille pour l'humanité tout entière.

Après avoir donné l'aperçu historique des travaux relatifs au droit coutumier en Russie, nous devrions compléter notre exposé par une critique des méthodes suivies, des moyens employés et des différents points de vue auxquels se sont placés les chercheurs. Peut-être l'expérience que nous avons pu acquérir par les travaux de ce genre, auxquels nous nous sommes livré, depuis nombre d'années, nous autoriserait-elle à soumettre quelques idées utiles aux amis de la science, si les circonstances personnelles, citées en commençant, et les limites tracées aux articles de cette Revue, ne nous obligeaient à nous borner, pour le moment, à ce simple aperçu.

Dans une autre occasion nous pourrons examiner, en outre, les relations qui existent entre les recherches du droit coutumier en Russie et les travaux législatifs de ce pays.

---

(1) Une semblable tendance s'est manifestée, par exemple, dans la séance de la *Commission du droit coutumier* du 8 novembre 1877, où un membre, si nous avons bien saisi son idée, prétendait que les recherches sur le droit coutumier doivent se proposer le but unique de servir de matériaux aux rédacteurs de lois positives. Nous avons eu, du reste, le plaisir de constater que cette opinion a été repoussée énergiquement dans la même séance.

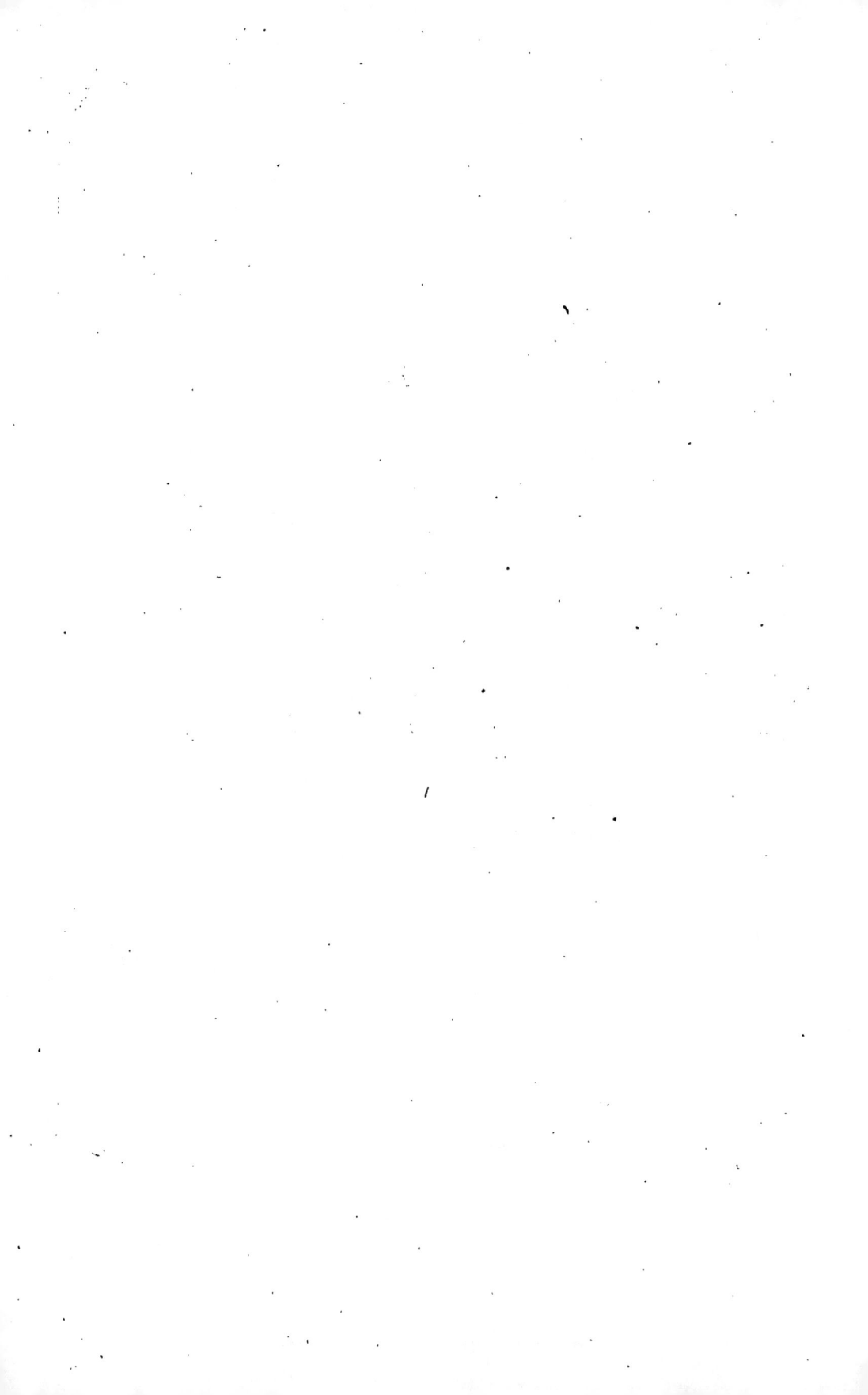

www.ingramcontent.com/pod-product-compliance
Lightning Source LLC
Chambersburg PA
CBHW060515200326
41520CB00017B/5051